기후 위기

대자연의 경고

MK 리드 글 조너선 힐 그림
공민희 옮김

기후 위기 대자연의 경고 MK 리드 글 | 조너선 힐 그림 | 공민희 옮김

1판 1쇄 펴낸날 2022년 4월 30일 | **펴낸이** 이충호 | **펴낸곳** 길벗어린이㈜ | **등록번호** 제10-1227호 | **등록일자** 1995년 11월 6일
주소 04000 서울특별시 마포구 월드컵북로 45 에스디타워비엔씨 2F | **대표전화** 02-6353-3700 | **팩스** 02-6353-3702
홈페이지 www.gilbutkid.co.kr | **편집** 송지현 김민희 임하나 이현성 황설경 김지원 | **디자인** 여YEO디자인 김연수 송윤정
마케팅 호종민 김서연 이가윤 이승윤 강경선 | **총무·제작** 최유리 임희영 김혜윤
ISBN 978-89-5582-647-0 77080, 978-89-5582-376-9(세트)

SCIENCE COMICS: WILD WEATHER: STORMS, METEOROLOGY, AND CLIMATE
Text Copyright © 2019 by MK Reed
Illustrations Copyright © 2019 by Jonathan Hill
All rights reserved.
This Korean edition was published by Gilbut Children Publishing in 2022 by arrangement with First Second, an imprint of Roaring Brook Press, a division of Holtzbrinck Publishing Holdings Limited Partnership through KCC(Korea Copyright Center Inc.), Seoul.

이 책은 ㈜한국저작권센터(KCC)를 통한 저작권자와 독점 계약으로 길벗어린이㈜에서 출간되었습니다.
저작권법에 의하여 한국 내에서 보호를 받는 저작물이므로 무단 복제와 전재를 금합니다.

들어가는 말

　날씨는 놀랍고, 신나고, 매력적이지만 무섭기도 하지요. 어느 날엔 이 모든 감정을 한꺼번에 느끼기도 해요! 화창하고 고요한 날엔 날씨에 대해 별로 생각하지 않아요. 그런데 번개가 하늘을 쏜살같이 가로지르거나 폭풍우로 집이 울릴 때면 날씨 생각만 계속하게 된답니다.

　내가 일곱 살이던 해의 어느 날, 따뜻하고 습한 봄날 저녁이었어요. 집에서 텔레비전을 보다가 날씨의 위력을 처음 실감했지요. 갑자기 방송이 중단되고 아주 진지한 표정을 한 기상 캐스터가 나타났거든요. 그녀는 레이더 영상 속 커다랗게 색칠한 부분을 가리키며 내가 사는 도시에 토네이도 경보가 내려졌다고 말했어요. 그 소식을 듣고 겁났냐고요? 당연하죠. 하지만 궁금증도 생겼어요. 기상 캐스터는 토네이도가 오는 걸 어떻게 알았을까? 게다가 그녀는 어쩜 저렇게 침착할까? 나는 부모님에게 알리려고 얼른 뛰어갔어요. 이내 검은 구름을 보았고, 바로 그때 토네이도에 대해 최대한 많이 알고 싶다는 생각이 들었죠. 얼마 지나지 않아 날씨에 관한 다른 모든 부분에도 호기심이 생겼어요. 결국 나는 대학에서 기상학을 전공했어요. 대규모 폭풍 관련 연구에도 참여했지요. 폭풍우가 치던 그 어두운 밤이 내 인생에서 가장 큰 전환점이 된 거예요!

　요즘 나는 주로 날씨와 기후에 관한 글을 써요. 최근에는 미국 콜로라도 동부(산맥이 아닌 대평원)에서 여름 한 철을 보냈어요. 대규모 뇌우를 관찰하는 프로젝트를 진행했거든요. 비를 내리고 우박을 뿌리며 가끔은 회오리바람을 일으키기도 하는 뇌우의 양상을 기록한 다음, 기상청에 보고하는 게 임무였지요. 새로운 도플러 레이더 시스템을 더욱 정교하게 조절할 수 있도록 돕는 일이었어요. 기후의 위력을 날마다 눈으로 목격하는 건 정말 놀라웠어요. 또한 뇌우의 성격을 제대로 예측하는

일이 얼마나 어려운지 배웠지요. 악천후 속에서 안전하게 운전하는 일이 얼마나 힘든지도요. 훈련을 받은 전문가조차 폭풍우를 쫓을 때 곤경에 처할 수 있어요. 그러므로 '하늘에서 펼쳐지는 쇼'는 안전한 위치에서만 관찰해야 한답니다.

　날씨의 좋은 점 중 하나는 공짜라는 거예요! 날씨를 살피기 위해 필요한 도구는 우리의 감각뿐이잖아요. 기상관측소가 없어도 '날씨 일지'를 쓰면서 날마다 보고 듣고 느낀 점을 기록할 수 있어요. 공기가 부드럽고 포근한 담요처럼 느껴지는 날도, 천 개의 바늘이 피부를 찌르는 것 같은 느낌이 드는 날도 있어요. 바람 소리가 가벼운 휘파람처럼 들릴 때도 있고, 누군가의 비명처럼 들릴 때도 있어요. 또 구름, 햇빛, 하늘의 모습은 날마다 새롭지요.

　날씨는 늘 우리 앞에 펼쳐져 있지만 여전히 신비로운 존재예요. 이 책을 통해 여러분은 과학자들이 오랜 세월에 걸쳐 밝혀 낸 흥미로운 사실을 알게 될 거예요. 계절이 존재하는 이유, 비와 눈이 내리는 까닭, 바람이 부는 원리, 허리케인에 이름을 붙이는 방법, EF5의 토네이도가 EF1보다 더 끔찍한 이유 등을 말이에요.

　허리케인과 토네이도는 정말 무시무시해요. 레이더나 위성으로 안전한 거리에서 기상 상황을 살필 수 있어서 정말 다행이지요. 기상청의 예보관들과 기상학자들은 위험한 폭풍에 대해 알리려고 노력해요. 이 책에서 여러분은 열정 넘치는 노먼 웨더비를 만나게 될 거예요. 그는 방송국에서 일하는 기상 캐스터이자 기상학자랍니다. 지금 우리는 한층 정교한 기술을 통해 며칠 뒤의 날씨도 예측할 수 있어요. 대기를 분석하고 그 자료를 바탕으로 예측하는 컴퓨터 프로그램 덕분이지요.

　많은 대기 과학자들은 온실가스가 날씨와 기후에 미치는 영향에 대해서 연구하고 있어요. 석탄, 석유 혹은 천연가스를 연소할 때마다 대기 중으로 방출되는 가스가 열기를 그 속에 가둬 두고 있지

요. 이 가스가 차츰 쌓여 지구의 기온을 높이고 더 많은 비를 내리게 해요. 기후 변화는 사람들의 일상에 어떤 영향을 끼칠까요? 이런 변화를 줄이기 위해 우리가 할 수 있는 일은 무엇일까요? 대기가 한계치에 도달하지 않도록 온실가스를 줄이는 좋은 방법이 없을까요?

우리가 충분히 도울 수 있어요! 다양한 기술을 가진 사람들이 날씨와 기후를 분석하고 모두 안전할 수 있도록 제대로 된 정보를 알려주면 돼요. 컴퓨터를 좋아한다면 날씨를 기록하고 앞으로 벌어질 일을 예측하는 프로그램을 만들어 보세요. 수학과 물리가 좋다면 연구 과학자가 되어 아직 풀지 못한 많은 기후 관련 미스터리를 살펴도 좋아요. 공학자가 되어 차세대 날씨 위성을 설계하는 건 어떨까요? 다른 사람과 함께 일하는 것이 좋다고요? 오! 마침 더 깨끗한 에너지를 만들기 위해 전 세계적으로 대규모 연구 프로젝트를 주관할 사람이 필요해요. 사물을 관찰하는 것이 특기라면 날씨와 기후 과학을 쉽게 이해하도록 기사를 써 보는 건 어떨까요? 열정 넘치는 노먼처럼 텔레비전이나 스마트폰을 통해 내일의 날씨를 예보할 수도 있어요.

날씨는 평생 즐기고 배울 수 있는 주제예요. 리처드 헨드릭슨이라는 사람은 뉴욕주 롱아일랜드에서 18세부터 101세가 될 때까지 날씨 일기를 썼어요. 세상에, 80년도 넘는 기간이에요! 리처드와 같은 많은 봉사자가 날마다 날씨를 살피고 그 정보를 기상청으로 보내요. 과학자, 자원봉사 관찰자, 일상의 날씨를 사랑하는 평범한 사람. 모두 다 매일매일 하늘을 보면서 날씨가 흥미롭고 근사하다는 점을 깨닫길 바라요.

- 기상학자이자 과학 저술가 로버트 헨슨
《현대 기상학(원제:Meteorology Today)》의 공동 저자이자
《기후 변화에 관한 고찰(원제:The Thinking Person's Guide to Climate Change)》의 저자

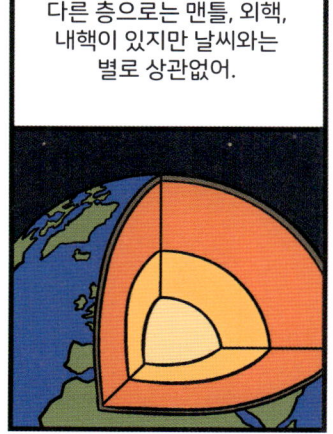

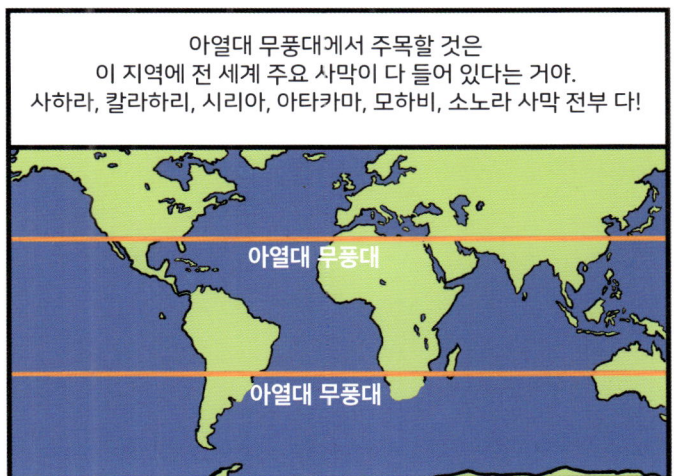

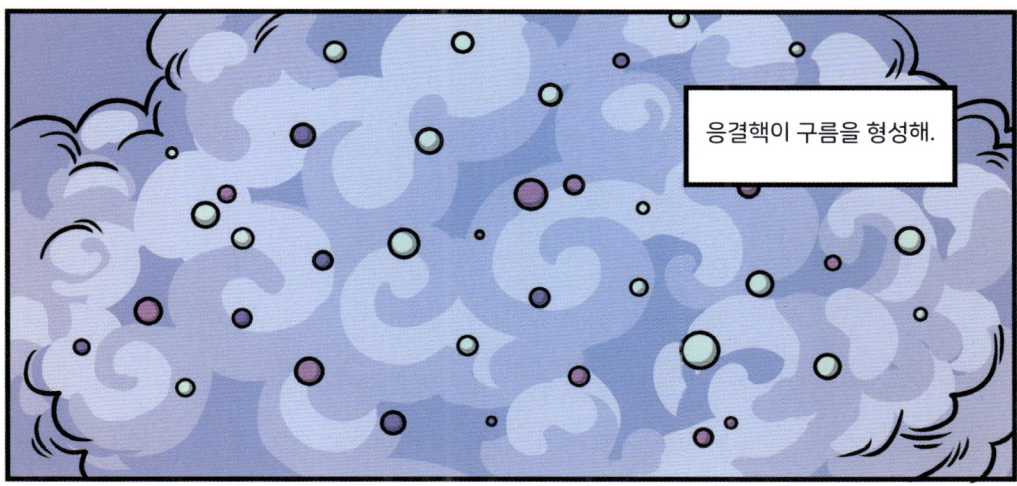

비가 내리고 나면 물은 다시 순환 주기로 돌아가.
땅에 내려 개울, 강, 호수로 흘러가지.

식물은 스스로 필요한 만큼 수분을 채우고
남은 수증기를 다시 가스 형태로 배출해.
이것을 '증산'이라고 불러.

강과 호수에 떨어지면 사람과
다른 동물이 마시겠지.

그리고 일부는 땅속으로 흡수되어
'대수층'이라고 부르는 투과성 암석을 채우는 거야.

3km

'층운'은 여러 겹의 구름이라는 뜻이야.
납작한 회색 종이 같은 모양인데 가랑비를 흩뿌리거나
적은 강수량을 가졌어. 일반적으로 온난 전선 앞에 자리하지.
온난 전선은 차가운 공기 꼭대기 위로 솟아 있는 뜨거운 공기층이야.
최대 2킬로미터(6,500피트) 높이에 위치하지.

'층적운'은 증운과 비슷하지만 좀 더
구불구불하고 달려 있는 형태를 띠고 있어.
최대 2킬로미터(6,500피트) 높이에 위치해.

층운

층적운

2km

1km

'고층운'은 하늘 전체를 가릴 정도로 쌓인 구름이야.
가끔 그 구름을 뚫고 햇살이 비치기도 해.
2~7킬로미터(6,500~23,000피트) 사이에 위치하지.

고층운

'적운'은 작고 보송보송한 구름이야. 다른 구름 아래 흩어져
몇 시간 정도 떠 있지. 적운이 보인다면 다음 날 비가 올지도 몰라.
따뜻하고 습한 공기층 주변에 쌓이거든. 거의 흰색이고 크기가 작다면
곧 비가 내린다는 징조는 아니야. 하지만 하루 동안 점차 커지고
잿빛으로 변하면 비가 올 거라는 뜻이야.
최대 2킬로미터(6,500피트) 높이에 위치해.

적운

'난운'은 라틴어로 '강수'를 뜻해. 그래서 '적란운'과 '난층운'이 보이면 이 구름들이 어떤 활동을 할지 알 수 있어.

난층운

20km

'적란운'은 대류권과 성층권이 만나는 '권계면'까지 수 킬로미터 높이로 올라갈 수 있어. 적란운이 권계면에 도달하면 뾰족한 한 끝이 구름이 향하는 쪽을 가리키면서 악마 같은 형상이 돼. 적란운이 보이는 건 폭풍우가 다가온다는 신호야! 큰비는 물론이고 심하면 뇌우까지 일어날 거야.

적란운은 0.21~3킬로미터(700~10,000피트) 높이에서 시작해. 꼭대기가 12킬로미터(40,000피트)까지 도달할 수 있는데 극단적인 사례로 21킬로미터(70,000피트) 이상 높아진 경우도 있어!

15km

10km

적란운

5km

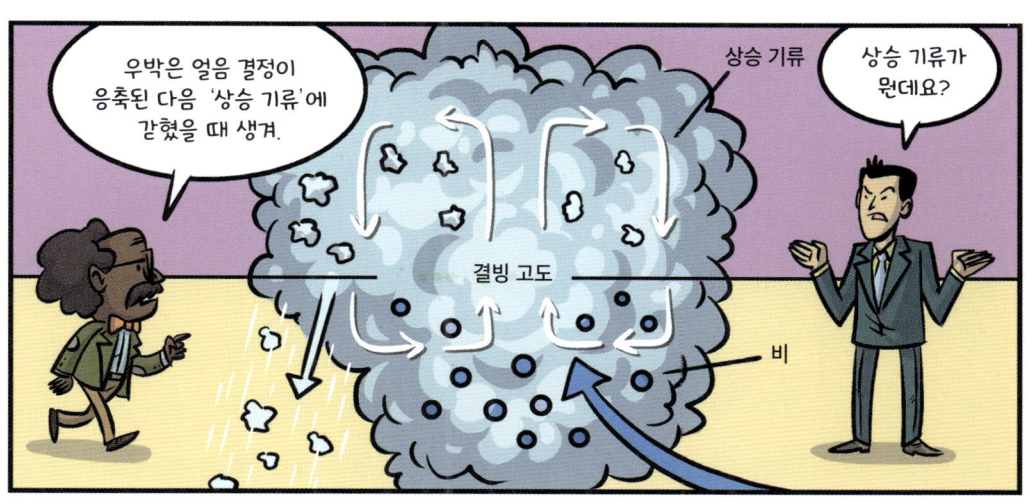

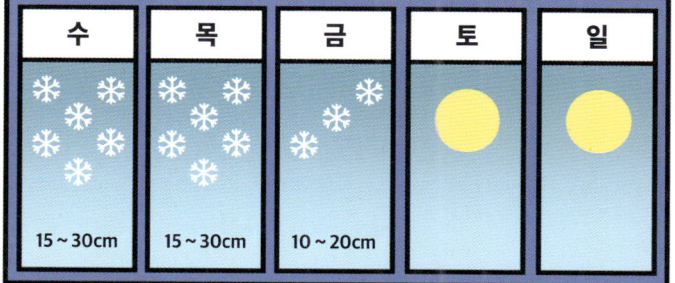

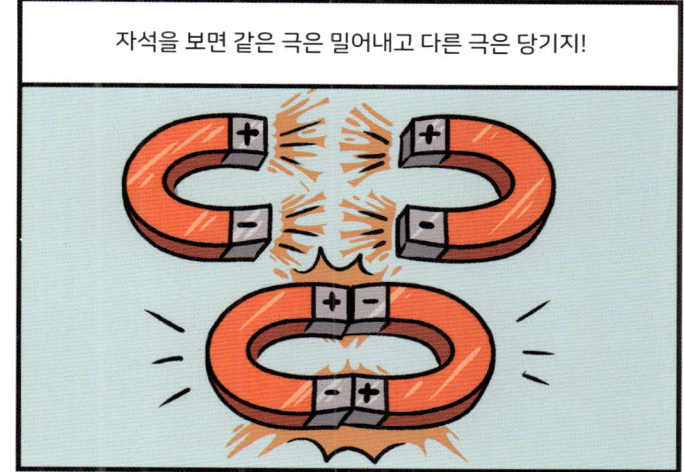

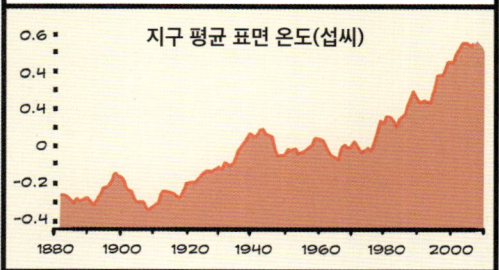

홍수는 오랜 호우나 열대 폭풍우, 혹은 폭우가 한 지역에 반복적으로 지나가고 난 뒤에 생길 수 있어. 상습 침수 지역이 아닌데 갑자기 범람한다면 그건 홍수야.

홍수가 날씨 때문에 일어나는 것만은 아니야. 지진과 같은 지질학적 문제 역시 홍수를 일으킬 수 있어. 물가에 지진이 나면 해일이나 쓰나미가 해안 지역을 덮치지.

폭우나 허리케인이 분수령 위로 내리면 그 지역은 한 번에 많은 물을 품게 돼. 그 물이 땅으로 흡수되지 못하고 높은 곳에서 낮은 곳으로 경사를 따라 범람하는 거야.

물은 몇 킬로미터가 넘는 물길을 따라 흘러. 그런데 해당 생태계가 적응한 용량보다 훨씬 많지.

가뭄으로 인한 피해 역시 엄청나게 커. 가뭄이 생기는 이유는 주로 오랜 기간 강수가 발생하지 않아서야. 그러니까 물이 거의 없는 셈이지.

물이 부족하면 식물이 죽어. 그러면 농부를 비롯해 야생 동물들에게도 해가 돼.

물 좀 있어요? 난 목말라 죽어 가고 있어요.

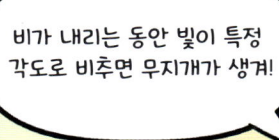

무지개는 아침에 서쪽 하늘, 초저녁엔 동쪽 하늘에서 주로 볼 수 있어.
해가 뜨거나 질 무렵이고, 빗방울이 떨어지는 중이고, 구름이 태양을 많이 가리지 않아야 해.

무지개 조건표

- ☐ 서쪽 하늘(아침)
- ☑ 동쪽 하늘(저녁)
- ☑ 태양(뜨거나 질 때)
- ☑ 커다란 물방울 (즉, 비. 구름 크기 아님)
- ☑ 구름이 해를 가리지 않을 것

용어 설명

가뭄
한 지역의 평균 기간보다 더 오랫동안 비가 내리지 않는 현상.

강수
수증기가 응축되어 땅으로 떨어지는 현상.

개량 후지타 등급(EF)
토네이도의 위력을 가늠하는 등급. EF 등급이라고도 불리며 기상학자 후지타 테쓰야에 의하여 고안된 것을 2007년 개량하였다.

결정화
물질이 단단해져 견고한 고체 형태로 변하는 현상.

극지
북극과 남극과 같이 맨 끝에 있는 땅.

기상학
날씨를 연구하는 학문.

기후
일정 시간 동안 한 지역의 일반적인 날씨 환경.

날씨
열, 습기, 바람, 강수, 구름 상태에 따른 매일의 대기 환경.

대기
표면과 외부 사이에서 행성을 둘러싸고 있는 가스층.

미기후
지면과 닿은 대기층의 기후. 보통 지면에서 1.5미터 높이 정도까지를 가리킨다.

미류운
땅에 닿기 전 증발해 버리는 비.

반구
구의 절반 혹은 행성의 절반.

범람원
홍수가 자주 발생하는 지역.

분수령
저수지, 유역, 만의 입구처럼 개울과 빗물이 빠져나가는 지역.

상승 기류
위로 올라가는 기류.

생태계
생물과 환경이 서로 소통하는 공동체.

섭씨
온도를 측정하는 과학표준단위.

순환
액체나 가스가 집약된 공간. 혹은 한 지역 주위로 오가는 움직임을 뜻한다.

온도계
온도를 측정하는 장치.

응축
수증기나 가스가 액체로 변하는 현상.

입자
곡식과 같은 물질의 작은 단위.

증발
액체가 가스가 되는 과정.

증산
식물이 수증기를 방출하는 과정.

축
돌고 있는 구의 회전축이 되는 가상의 선.

탄소 발자국
사람이나 집단에 필요한 물건을 생산할 때 쓰는 화석 연료가 방출하는 이산화탄소. 혹은 탄소 화합물이 배출하는 양을 뜻한다.

토사 유출
침식으로 인하여 발생한 토사가 유수에 의해 운반되는 일.

화씨
온도를 측정하는 표준 단위. 미국에서 주로 쓴다.

환경
사람이나 생물이 서식하는 곳.

회전
축을 따라 정해진 경로로 돌며 움직이는 것.

날씨를 측정하는 도구

풍향계 – 바람이 부는 방향을 가리키는 도구.

풍속계 – 바람이 얼마나 빠르게 부는지 알려 주는 도구.

온도계 – 온도를 측정하는 장치.

기상 관측소는 전 세계의 데이터를 기록하고 컴퓨터를 통해 감시할 수 있다.

기상 부표는 선원들이 바다에서 날씨를 파악할 수 있게 해 준다.

습도계 – 대기의 수증기량을 측정하는 도구.

우량계 – 빗물을 모아 특정 지역에 얼마만큼 비가 내렸는지 알려 주는 도구.

기압계 – 대기의 압력을 측정하는 도구.

레이더는 구름 속에서 무슨 일이 벌어지는지 알려 준다.

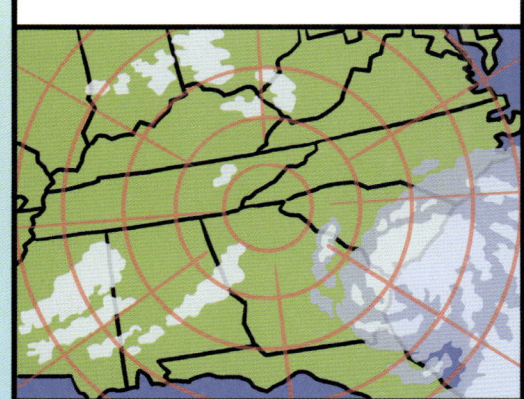

위성은 우주에 떠서 지구의 온도, 바람, 습도를 살핀 뒤 구름과 그 움직임에 대해 자세하게 알려 준다.

날씨에 대한 여러분의 궁금증을 파헤쳐 드립니다!

자문: 기상학자 알리샤 와술라(Alicia Wasula)

"습한 날에는 홈런을 치기 어려울 정도로 공기가 아주 무겁나요?"

아뇨! 습한 공기 속에는 수증기가 많이 들어 있어요. 수증기는 대기 속 다른 공기보다 훨씬 밀도가 낮고요. 그러니까 이론적으로는 건조한 날보다 습한 날에 홈런을 더 많이 칠 가능성이 있어요. 그런데 상승의 문제가 있죠. 미국 콜로라도 로키스의 홈구장인 쿠어스 필드처럼 고도가 높은 곳에 자리한 야구장은 다른 야구장보다 홈런이 더 많이 나온답니다.

"뇌우가 칠 때 차 안에 있는 쪽이 안전한가요?"

맞아요. 하지만 흔히들 생각하는 그 이유 때문은 아니랍니다. 많은 사람이 고무로 만든 타이어가 차로 오는 번개를 막아 준다고 배웠지요. 사실 금속으로 된 차체는 '패러데이 케이지(Faraday cage)'라고 해서 자동차 밖의 모든 전류를 가두는 역할을 해요. 그러니 차체 금속 부분을 만지지 않는다면 차 안에 있어도 번개로부터 안전해요.

"깨끗한 빗방울이 존재하나요?"

아뇨! 모든 구름과 빗방울은 표면에서 형성되는 핵이에요. 핵은 먼지, 바다 소금, 모래, 심지어 작은 벌레와 같은 단단한 입자로 구성되어 있어요!

"아이스크림 콘 모양이 허리케인의 크기를 나타내는 건가요?"

아니에요! 여기 보이는 허리케인 마리아(2017년)의 '아이스크림 콘' 모양은 폭풍의 중심이 지나갈 예상 경로의 범위를 뜻해요. 시간이 지나 정보가 쌓이면 콘이 더 넓어지거나 예상 경로의 범위가 커져요. 허리케인의 영향은 경로의 중심에서 더 벗어날 수 있기 때문에 폭풍의 위력을 콘 밖의 지역에서도 경험할 수 있어요.

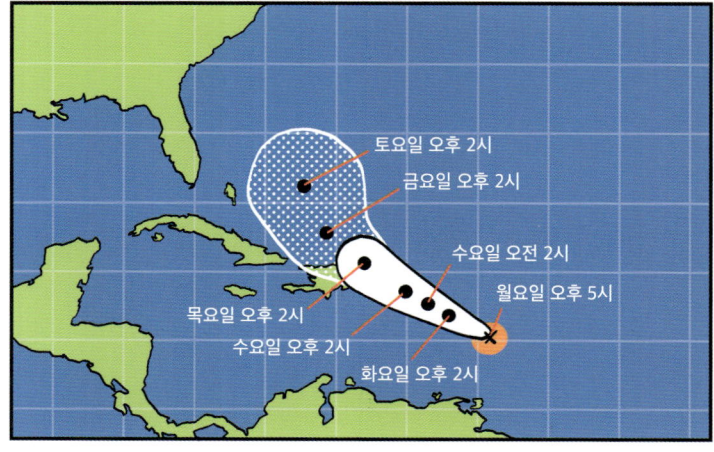

"집 안과 바깥의 압력을 맞추기 위하여 토네이도가 왔을 때 창문을 열어 두어야 하나요?"

절대 그렇지 않아요! 토네이도나 다른 폭풍이 왔을 때 창문을 열어 두면 잔해가 집 안으로 날아 들어와 사람이 다칠 수 있어요. 토네이도가 불 때 제일 안전한 장소는 집 안쪽에 자리한 창문 없는 방이에요.

"소가 엎드리면 비가 온다던데, 소는 비를 예측할 수 있나요?"

그럴 수도 있겠지요. 하지만 사람과 마찬가지로 소도 여러 가지 이유로 인해 바닥에 누워요. 무엇보다 소는 우리한테 직접 그 이유를 말해 줄 수 없기 때문에 비를 예측하는지 확신할 수 없어요.

"쌍무지개는 서로 똑같나요?"

쌍무지개를 봤을 때 안쪽에 있는 무지개가 밖의 무지개보다 좀 더 익숙한 색을 보여 줘요. 밖이 빨강이고 주황, 노랑, 초록, 파랑, 보라순이지요. 바깥 무지개는 보기 드물고 색상 순서도 반대라서 보라가 제일 먼저 나와요!

"축구 감독님이 습하고 더운 날보다 건조하고 더운 날 경기하는 것이 더 위험하대요. 정말인가요?"

감독님 말이 맞아요! 건조한 날에는 습한 날보다 땀이 피부에서 한층 더 많이 증발되어요. 그래서 물을 충분히 마시지 않을 경우 체력을 더 많이 잃게 되어요. 그렇지만 습한 날에는 땀이 잘 마르지 않아서 지나치게 더워질 위험이 있어요. 더운 날에는 물을 충분히 마시고, 야외에서 뛰놀 땐 쉬는 시간을 꼭 가지세요.

"아빠가 집 앞에 쌓인 언 눈에 소금을 뿌리면 녹는다고 알려 줬어요. 어떻게 그럴 수 있죠?"

사실 소금이 직접 얼음을 녹이는 건 아니에요. 언 땅에 뿌린 소금이 천천히 얼음과 섞여서 염류 용액이 되는 거죠. 소금물의 어는점이 담수의 어는점(0도)보다 낮기 때문에 담수라면 0도에 얼었을 얼음이 액체 상태로 남아 있는 거예요.

"번개가 같은 자리에 두 번 칠 수 있나요?"

"번개는 같은 자리에 두 번 치지 않는다."라는 속설이 있지요. 하지만 사실이 아니랍니다. 높은 지대는 번개에 반복해서 맞을 확률이 특히 커요. 뉴욕에 있는 엠파이어 스테이트 빌딩은 수년 동안 여러 번 번개에 맞았답니다.

"내리는 빗방울은 정말로 눈물방울과 똑같이 생겼나요?"

바닥으로 떨어지는 빗방울 모양은 가장 적합한 공기 역학적 형태가 아니랍니다. 빗방울이 떨어질 때 공기 저항이 방울 중앙 위로 올라오고 그때 햄버거 빵 같은 형태가 되어요. 결국 힘이 물방울을 작은 방울들로 쪼개고 그 과정이 반복되는 거랍니다.

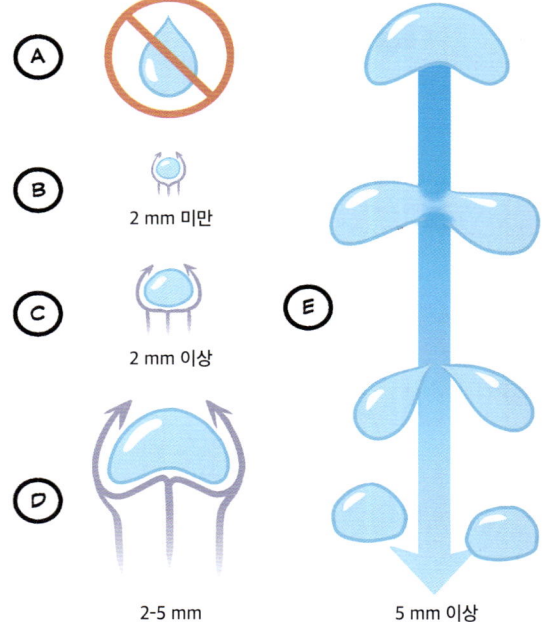

여러 가지 크기의 빗방울 :

Ⓐ 빗방울은 보통 사람들이 생각하는 것처럼 눈물 모양이 아니다.

Ⓑ 아주 작은 빗방울은 거의 원형이다.

Ⓒ 좀 더 큰 빗방울은 공기 저항으로 바닥이 납작하게 눌려 햄버거 빵 모양이 된다.

Ⓓ 큰 빗방울은 공기 저항을 많이 받아서 불안정한 형태가 된다.

Ⓔ 아주 큰 빗방울은 공기 저항 때문에 작은 빗방울로 쪼개진다.

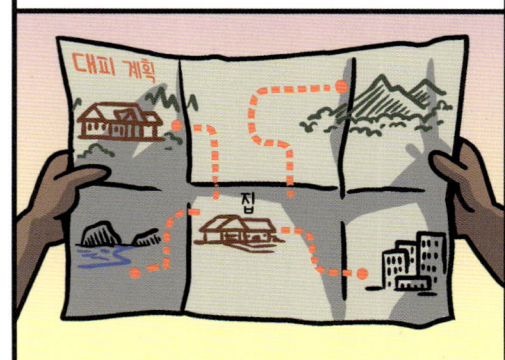

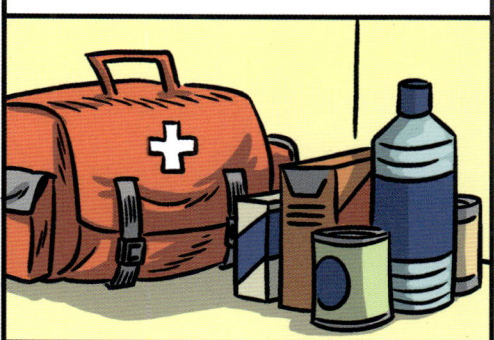

글 MK 리드

아이스너 상 후보에 오른 사이언스 코믹스 《공룡》의 작가예요. 《아메리커스》, 《큐트 걸 네트워크》, 《페일파이어》를 지었고, 아일랜드 신화를 바탕으로 한 웹툰 《어바웃 어 불》의 이야기를 짓고 삽화를 직접 그렸어요. 키가 아주 큰 남편이랑 미국 오리건주 포틀랜드에 살고 있답니다.

그림 조너선 힐

이그나츠 상 후보에 오른 만화가로 미국 오리건주 포틀랜드에서 아내와 고양이와 함께 살고 있어요. 《아메리커스》의 삽화를 담당했고 팬타그래픽스, 다크 호스, 로어에서 만든 책에도 참여했지요. 퍼시픽 노스웨스트 컬리지 오브 아트에서 만화와 일러스트를 가르치고 있답니다.

옮김 공민희

부산외국어대학교를 졸업하고 영국 노팅엄 트렌트대학교 석사 과정에서 미술관과 박물관, 문화유산 관리를 공부했어요. 현재 번역 에이전시 엔터스코리아에서 번역가로 활동 중이랍니다. 옮긴 책으로는 《벽 속에 숨은 마법 시계》, 《모른다는 건 멋진 거야》, 《난민, 세 아이 이야기》, 《동물을 세다 보면 숫자가 쏙쏙!》, 《도구와 기계의 원리 어떻게 작동할까?》 등이 있어요.

사이언스 코믹스 시리즈

깊은 바닷속부터 머나먼 우주까지 탐험해 볼까요? 산호초, 공룡, 화산, 박쥐, 전염병, 비행기, 로봇&드론, 개, 상어, 로켓, 나무, 고양이, 고층 빌딩, 기후 위기. 세상에서 가장 흥미롭고 신기한 것들을 찾아 떠나는 여행! 최고의 작가들이 개성 있는 글과 그림으로 완성한 환상적인 '과학 만화 소설'을 즐겨 보세요!

산호초_바닷속 도시
마리스 윅스 글·그림
128쪽 | 값 11,000원

공룡_화석과 깃털
MK 리드 글 | 조 플러드 그림
128쪽 | 값 11,000원

화산_불과 생명
존 채드 글·그림
130쪽 | 값 11,000원

박쥐_하늘을 나는 포유류
팰린 코크 글·그림
130쪽 | 값 11,000원

전염병_아주 작은 전쟁터
팰린 코크 글·그림
130쪽 | 값 11,000원

비행기_인류의 날갯짓
앨리슨 윌거스 글
몰리 브룩스 그림
130쪽 | 값 11,000원

로봇&드론
_현실이 된 상상
마가렛 스캇 글
제이콥 섀벗 그림
130쪽 | 값 12,000원

개_끝나지 않은 진화
앤디 허시 글·그림
130쪽 | 값 12,000원

상어_완벽한 사냥꾼
조 플러드 글·그림
130쪽 | 값 12,000원

로켓_과학 기술의 결정체
저지 드로즈드, 앤 드로즈드 글·그림
130쪽 | 값 12,000원

나무_숲의 제왕
앤디 허시 글·그림
130쪽 | 값 12,000원

고양이
_가장 귀여운 사냥꾼
앤디 허시 글·그림
130쪽 | 값 12,000원

고층빌딩_기술의 정점
존 커슈바움 글·그림
134쪽 | 값 12,000원

기후 위기_대자연의 경고
MK 리드 글 | 조너선 힐 그림
126쪽 | 값 12,000원